문학시대동인회 사화집 제37집

추억의 더듬이를 꺼내어

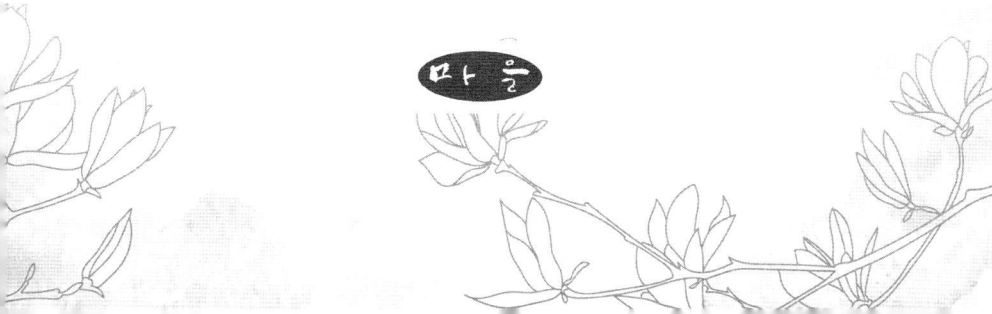

발간사

백여 년 만에 극한 폭우 끝 폭염으로 뒤척이는 열대야를
뒤로하고 문학시대인들의 제37집 동인회 사화집을 엮는다.
이번 사화집은 개개인의 고심이 잘 드러나
갓밝이의 여운으로 남을 터이다.
끊임없는 창작의 열의와 동인회를 꼿꼿이 곧추세우는
동인들의 진한 향기가 독자들의 가슴마다에
닿으리라 의심치 않는다.
원고를 보내주신 동인들과 더불어 어려움 속에서도 격려와
지원을 해주신 분들께 거듭 감사를 드린다.

2025년 가을에
문학시대동인회 회장 *이상민*

차례 문학시대동인회 사화집 제37집 Ⅱ **추억의 더듬이를 꺼내어**

• 발간사 —•이상민

운문

한기정	가엾구나 가엾구나 외 3편	—•12
최종월	달방골 외 3편	—•18
지술현	감사(感謝) 외 3편	—•26
정연순	불탄 대운산에 드리는 위로•1 외 3편	—•32
장성구	현충일의 눈물 외 3편	—•38
이양자	요양원에서 외 3편	—•44
이순남	참개구리 외 3편	—•50
이상민	9월이 드네 외 3편	—•56
이범찬	이른 봄의 폭설 속에 외 3편	—•64
이봉길	발자국 외 3편	—•68
신윤선	민들레 외 3편	—•74
손영진	홍제폭포 외 3편	—•80

차례 문학시대동인회 사화집 제37집 ‖ **추억의 더듬이를 꺼내어**

심봉구	소가죽 타령 외 3편	· 86
박정향	들국화 외 3편	· 94
박영배	성춘복 시인·1 외 3편	· 100
남복희	푸른 꿈 외 3편	· 106
김지현	선 하나 더 긋는 외 3편	· 112
김미자	북창(北窓)을 열면 외 3편	· 118
김난석	한 방울 외 3편	· 126
권한나	들꽃마루에서 외 3편	· 132
고경자	울란바토르에서 외 3편	· 138

산문

김재범	연탄과의 추억들 외 1편	· 146

한기정

작가의 말

평생을
너와 나의 평온과
남에게 독화살 쏘지 않기를 작정하고 살았는데
바보취급도 꽤 받았고
사랑도 꽤 받았습니다.
그러면 된 거지요?

가엾구나 가엾구나 외 3편

서둘러 떠나야 할
사랑을 남긴 사람
가엾구나

별강가를 서성이는 사람
지켜보는 것
가엾구나

떠난 이의 흔적을
곳곳에서 만나는
남겨진 사람
가엾구나.

까마귀 부부

집 잃은 까마귀 부부
사라진 새끼들을 찾아
창틀에 매달려
아파트 창에 온몸을 부딪는다
까아악 까아악
목이 메인다

매몰차게 전정을 한 일꾼들은
관리소장님의 명령을 거역해야하나
한번쯤 고민했을까.

그리워하며

사람은 그리워하며 사는 거야
떠나온 고향을
앞서 간 친구를
자기 일에 바쁜 딸을
꿈을 이루려 매진하던 시간을

사랑하는 사람을 가졌으니
아름다운 무엇인가를 가졌으니
그리운 거야

쓸쓸하지만 그득한 거지.

나를 할머니라 부르는 사람

콩콩콩 발걸음
단둘이 있자며 화장실 문을 닫는 작은 손
자기 키 두 배가 되는 알로카시아를 흔들며 헤헤! 웃는
해님이 집에 가기를 고대하며
엘리베이터 앞에 쪼그리고 앉아
아빠를 기다리는

그가 놀다 떠난
내 집 구석구석에서
향기가 피어오른다.

최종월

작가의 말

사라지는 것들이 자꾸 늘어나고
세상에 대한 경외감은 높아지고

달방골 외 3편

산벚꽃 그늘도 예쁜 달방골, 그 달방골에 가면 열여섯 살 처녀와 열다섯 살 총각이 마중 나올지 몰라 신부보다 신랑이 더 곱다고 마을 사람들이 쑥덕거렸다는 초례청 이야기도 다시 들을 수 있을지 몰라 아버지는 어깨 치켜세우며 싱긋 웃고 어머니는 이마에 주름골 파며 입 삐죽 내밀고 흰머리 까맣게 물들인 막내딸이 길 잃지 않고 잘 찾아오는지 목 빼고 내다보실지도 몰라 도계 지나 종착지 동해로 가는 동안 중간역은 없고 안내 방송도 없고 여기저기 머리꼭지 대여섯이 가끔 흔들릴 뿐 완행열차는 적요로운 산허리를 어르며 돌아가고 산벚꽃처럼 오래전에 흩날린 처녀 총각이 오늘은 달방골 좁은 골목에 나와 기다릴 것만 같아

나,
지금 동해로 가고 있다

이별 실습

나를 떠나갔다
다시 만날 수 없고 떠날 때 볼 수 없었다

내 몸에서 떠나는 법을 언제 깨우쳤을까
떠나겠다는 예감을 주고 순간에 사라졌다

통증은 떠난 후에 찾아온다
네가 떠난 날 잇몸은 부어올라
울음 후 눈두덩처럼 붉었다

여린 살 헤집고 정수리 내민 첫니
낯선 해변에서 맞이한 일출이었어
무심히 올려다본 하늘의 무지개였어

뿌리가 뽑혀졌다
오랜 시간 우리 한 몸이었지

날이 저문다
어두워지는 하늘의 새 떼가 지워진다

나를 떠날 것들이 머뭇거리고 있다

이름에 대한 명상

비문처럼 내 이름도 풍화작용 중입니다

가운데 돌림자가 쇠북이라 기생 이름 반열에 들어가지 못했지요
명월 춘월 애월 산월 추월
쇠북 종소리가 아름답지 않을 테니까요
조상이 불러준 내 이름이 묵은 악기같이 정이 들었어요

그대가 등 뒤에서 나직하게 나를 부르면
공기의 진동으로 나는 떨리고 있어요
가슴에 품는 따뜻한 달이 이름 끝에 매달리면 좋겠어요
꽁무니에 불빛 반짝이며 캄캄한 숲 속으로 사라지는
반딧불 생애도 괜찮아요

푸른 발 얼가니새는 조상 이름을 물려받았지요
소금물에 절인 물갈퀴로 새끼를 덮어주고 잠재워요
부리에 찍힌 물고기 용틀임에 바다 정수리는 멍들 테지만
그건 찰나예요
파도는 기억을 끝없이 삭제하고
같은 이름으로 살아갈 새끼 있는 곳으로 새는 날아가요

묵은 악기 소리에 귀 기울이는 그대에게
나는 마지막 연주를 보낼 거예요 그리고

홀연히 바스러지며 풍화작용은 끝이 납니다

먼 길

그립다는 건

꽃이거나 꽃 그림자이거나
저녁 굴뚝에서 하늘로 오르는 입김 같은
가던 길 멈추고 돌아보는
그믐달 눈동자 같은
돌담 모퉁이에서 혼자 시들고 있는
들풀 내음 같은

그대와 내 검지 끝이 맞닿지 못한 틈에서 새어 나오는 새벽 안개

해가 뜨고
보이지 않고

멀어진다는 건

비로소 뒤돌아볼 수 있다는 것
멀어진 거리만큼 바람은 서늘해지고
그대, 거기서 손 흔들고
나, 온몸 떠는 갑판에서 물보라에 젖고

절명의 순간까지 흰 옷자락 펄럭이며
몸 뒤집는 뱃길

그리워진다는 건

길어지는 그대 등 뒤 그림자를 차마 밟지 못하는 것

지술현

작가의 말

나는 겁쟁이랍니다.
글을 쓸 때는 겁이 물 건너갈 것이라 생각했는데 항상 아쉽고,
안타깝고, 두근거림으로 시상(詩想)을 꺼내어 쓰고는 아쉬워합니다.
인생의 한 날 즈음은 부족한 나지만 나와 동행하시는 하나님께
감사하고 싶어졌어요. 그리고 또 한 번쯤은 수수께끼 풀어가듯
요동치는 내면의 열정을 아주 작은 글로 표현하지만 마음은 늘
불꽃의 가장 뜨겁게 타오르는 청염(靑焰)처럼 붉디붉어 파란
불꽃같이 강인하다고 말하고 싶었습니다.

감사(感謝) 외 3편

인생길의 발자국 네 개
걷다 보니 둘만 있어
왜냐고 주께 물으니
네가 힘들 때
내가 업고 갔노라시던
초로의 목사님 간증에

내 인생 발자국 보니
너무도 많이
두 개 또 네 개
다시 네 개가 두 개
가다 서고
다시 업고

가장 좋은 길로
가장 안전한 길로
광야에 길을
사막에 강을 내어
부족한 나를 지켜
함께 걷는 주님 사랑을
이제야 이제야 알았습니다.

십자 광(十字光)

내 창에 보름달이 찾아들었다

둥글기만으로도 풍요한데
상·하·좌·우
성스러운 빛을 매어 단
십자 광으로 찾아왔다

얼음결정체 나부랭이의
과학적 빛 파장 이야기는
집어치우고
버선발로 맞는 대신
핸드폰 카메라를 들이밀었다

팍팍한 인생에
빛줄기로 찾은
희망의 끈인 양
잡아당겼다 놓아줬다
잡아당겼다 놓아주었다…

카톡 상태글 대문 사진으로
달아 매었다.

모정(母情) Ⅱ
- 두 번째 마흔 날에

하얀 수건 머리에 쓰고
부지깽이 손에 들고
아궁이 속 불꽃에 날리는 재
손부채로 털어가며
매운 연기에 당신 설운 삶 태워 익혀낸
김이 모락대는 갓 지은 밥내는
엄니의 지난한 인생이
빛으로 탱글대는
아주 잠깐의 치명적인 유혹
맛있는 보상이었으리라

시간이 흘러 연탄을 지나
등유풍로에 솥을 얹고
이리저리 돌려대며 불을 켤 때면
그을음에 엉긴
매운 엄니 눈물 담아낸
냄비 밥이 맛나게 상에 올랐고
지금은 불도 솥도 바뀌어
버튼만으로도 띠리릭~

갓 지은 가마솥 밥이
그럴싸하게 상에 오른다

엄니의 찔끔대는
눈 매운 사랑과
아궁이 장작 불꽃의 뜨거움이랑
등유풍로는 그을은 세월 안고 사라졌는데
느그들과 함께하는
오늘 한 끼 새로 지은 밥에
주먹만 한 눈물방울이
목구멍으로 타 넘어간다시며
두 번째 마흔 생일상에
갓 지은 엄마 눈물이 함께 올랐다

모정(母情)!

불변의 사랑

자식들 잘 되라고
유일한 자산이
대대로 이어진 자식 위한 희생이라
한없는 가족사랑
민낯의 부모는 순전한 섬김과
국수도 감사하는 자부심으로
만사에 최선 다해 시간을 아껴
세상 살아가는 지혜를 가르쳤으니
아름다운 너희들 웃음소리에
맨손이어도 흐뭇한 배부름이여!

정연순

작가의 말

해파랑길 19코스 화진 해변에서 강구를 향하고 걷다가 산불 소식을 들었습니다. 불은 거세게 옮겨 붙어 고향 대운산 능선이 벌겋다고 했습니다. 고향지킴이 친구는 대피소에 있답니다. 화마에서 유년의 추억을 건지고 싶었습니다. 대운산에 위로를 드리고 싶었습니다.

불탄 대운산에 드리는 위로 · 1 외 3편

초등 4학년 때 처음 대원사로 봄소풍을 갔다 남창 거랑 징검다리 건너 태화리 대운리 자갈길이 자갈자갈 따라왔다 바람 탄 흰 구름이 앞장서고 뻑뻐꾹 메아리 산을 울리고 산벚꽃이 자개처럼 빛났다 선생님들은 산문 밖에 자리를 깔고 우리들은 그냥 옹기종기 점심을 먹었다 밥 김치 장아찌 삶은 계란, 김밥은 드물었다 사이다에 환해진 뱃속에서 퐁 쌔 한 가스가 나왔다 장기자랑 시간 부산에서 전학 온 필자가 앞에 나왔다 박꽃처럼 희고 예쁘고 당당했다 '자알 있거라 나는 간다~~~ 대전 발 영시 오오십부운' 우리는 손바닥에 불이 나도록 박수를 쳤다 그 날로 필자는 스타가 되었다

지나고 보니 봄소풍 그맘때는 보릿고개 고비였다 엄마와 누이는 해종일 나물을 뜯으러 대운산을 헤매었을 거다 산이 끼니꺼리를 내어 소풍도 보내고 구휼도 한 거다

불타버린 대운산에 드리는 위로 · 2

비바람이 귀신 소리를 내는 한밤중이었다 누가 부르는 소리가 난다며 마당에 나간 엄마가 외마디를 질렀다 먼 일가뻘 고모부가 오셨다 후드가 달린 군용 판초가 머리에서 발목까지 덮었다 엄청 커다란 세모꼴 기이한 고모부 앞에 식구들이 장교 앞의 졸병처럼 긴장했다 마른 옷을 입혀서 아랫목에 모시고 아버지가 데운 정종을 따라주셨다 '이 놈의 장마 답답해서 살 수가 있나, 알고지내는 통도사 호랭이한테 대운산 넘어 남창 금융조합까지 업어 달라 캤지' 찡긋 '내 묵을 양식은 있제?' 온 식구가 웃음을 베물고 배꼽을 잡았다 다음 장날인가 빡빡 곰보 고모가 데리러 오셨다 '호랭이 타고 오소 나는 기차타고 갈라카이'

고모부네 외아들은 양산면사무소 급사로 들어갔다 단벌 베잠방이를 고모가 밤새워 푸새하고 손바닥 다듬이를 해서 날마다 진솔처럼 입혔다고 소문이 났다 오빠는 훗날 경찰 서장이 되었다 대운산 정기 덕분이라고 모두가 끄덕거렸다

불탄 대운산에 드리는 위로 · 3

대운산에서 흘러온 남창 거랑은 흘러 흘러 °진하 바다에 들었다 남창은 제방이 높고 태화리는 서들이 넓었다 징검돌 여울은 내 치마를 들치고 불룩 부풀고 꺼지고 하다가 아차 나비 고무신짝을 채어 내달았다 징검다리는 어느 선거 덕분에 번듯한 남창교가 되었다 산자락 끝자리 온양초등학교는 2022년 개교100주년을 맞았다 졸업생이 14,228명이었다 100년사 첫 장에 내 축시가 실렸다 뙤약볕 아랑곳없이 책보따리 던져놓고 우리들은 새삐딸로 뛰어들었다 빤스 바람에 코를 잡고 머리치기 배치기로 바위절벽 시퍼런 소로 뛰어내려서 퐁 솟구쳤다. 웃는 소리가 하늘로 일어섰다 서들은 이룽이룽 달아올랐다 뜨거운 돌멩이를 귀에 대고 갸웃이 깨금발로 폴짝폴짝 따뜻한 물이 쪼르르 귀가 뻥 뚫렸다 입술이 파래지고 배가 고파야 집 생각이 났다 밤에 새삐딸은 남탕 아래쪽은 여탕이었다 '어 씨원타!' 거랑물이 물미역처럼 다리를 휘감고 흘렀다 아이들은 대운산에 기대어 잔뼈가 굵었고 어른들은 고단함을 씻었다

진하: 울주군 서생면
빤스: 팬티
새삐딸: 가파른 비탈의 사투리

불탄 대운산에 드리는 위로 · 4

3, 8 남창 장은 없는 게 없었다 산들해를 끼고 있는데다 교통이 좋아 물자가 풍족하다고 입을 모았다 장거리 끝 우시장은 똥 싸고 오줌 싸는 주제들이 새벽부터 목청을 높이고 동해남부선 기차도 흰 깃발에 고래고래 기적을 울리며 남창 역에 들어왔다 세상 온갖 것들을 보통이로 이고 지고 든 장꾼들이 종종걸음을 쳤다 강아지 병아리 냄비 양은솥 때우기 동동구리무 아이스케키 빨강파랑 빙수도 작년에 왔던 각설이 만병통치 약장수 가위장단 엿장수 깡통장단 거지도 한 몫하고 철교 아래 움막살이 금달네도 북데기 머리에 베개를 업고 웃었다 나무꾼들이 장작이며 솔가리 등을 지게에 지고 와서 나뭇간에 부려주었다 국수를 넣어주는 코보할매 추어탕 산초냄새가 자욱하고 국밥집 아지매는 광목머릿수건에 구슬땀을 받아내며 종일 토렴을 했다 엄지검지에 침 발라 돈을 세는 얼굴들이 환해졌다 새벽에 그물 올린 진하 어부는 우물가에 복어를 가마니 째 쏟아놓고 갔다 복어손질은 어머니가 직접 하셨다 날렵하고 씩씩하셨다 오빠는 끊임없이 우물물을 끼얹고 어머니는 배를 갈라 내장을 빼고 어백은 따로 모았다 거친 솔로 박박 사정없이 뼈를 문질렀다 속살이 희고 탱탱하고 맑았다 몸통을 갈라 꼬리를 빨랫줄에

걸쳤다 그날 밤 대청에서 요강을 타고 보았다 바지랑대가 기다란 달빛 기둥을 지고 있었다 그림자가 흔들렸다 귀신인가 숨이 턱 막혔다

장 성 구

작가의 말

시인이 독자로부터 받는 우문은 "시를 왜 쓰시나요? 시란 무엇인가요?"라는 질문이다. 정답이 없어 대답하기가 아주 쉽다. 그러나 이는 분명히 가슴 속에 담고 있어야 할 화두(話頭)임에는 틀림없다. 이 물음에 대한 수많은 대답, 추론과 가설을 합치면 대학노트 한 권도 모자란다.

이 화두를 가슴에 담고 꽤 많은 시간 마음의 여행을 했다. 논어에서 얻은 해답은 간단했다. 시를 쓰는 이유는 "남들과 더불어 말하기 위함이다."

어느 날 공자께서 아들인 공리(孔鯉, 字 伯)에게 "시(詩經)를 배웠느냐?" 하고 물으시니 공리가 말하길 "아직 못 배웠습니다." 하니 공자님 왈 "시를 배우지 않으면 남과 더불어 말할 수 없느니라.(不學詩 無以言)"라고 하셨다.

시란 어차피 세상을 살아가는 진솔한 양심의 이야기이다. 그렇기 때문에 시를 쓰는 것은 세상 사람들과 더불어 이야기하는 것이다.

현충일의 눈물 외 3편

어차피 후손들에게 잊혀져 가는
외로운 영혼이다
뒤돌아보는 사람 없어 모두가 사라진다
과거를 모르는 몽매한 자에겐 빛바랜 이름
흘러간 역사 속 한 포기 야생화일 뿐

고귀함의 명예를 덧씌웠었지만
세월의 부침에 순국선열은 빈말 되고
행간에 명맥만 이어지던 어느 날
망령으로 내모는 요망한 입놀림에
돌아누운 충혼이 흘리는 피눈물.

화용도(華容道)의 애증

공명은 알았다 그대의 번뇌를
화용도 길목에서 만난 애증은
간웅의 헤픈 웃음을 꾸짖은 대도
하늘의 뜻을 따른 천명지위성

의리가 하늘에 이른 익덕도 아니며
무예의 신이라는 봉선은 어림없고
정침에 고종명한 자룡은 어진 사람
인덕의 화신인 현덕도 이르지 못했다

선계의 바둑판은 관공이 주인 되고
수천 년 지난 오늘 관운장은 신이다
천명을 따른 지혜를 수억 명이 경배하고
예절을 따르는 이 나라도 매한가지.

자유 같은 삶

읽지 않는다, 귀찮아서
듣지 않는다, 성가셔서
생각하지 않는다, 골치 아파서

눈앞에 보이는 대로
웃고 울고 소리치는 단세포 같은 삶
느낀 대로 흐느적거리는 몸과 마음은 자유롭다

흐르는 시간을 멈추지 못함은
누구의 탓일까
밀물같이 사라지는 익숙했던 인연들은
어디로 갔을까
이천이백 년 전 진시황도 못 구한 것
불로초

피안의 언덕 위에 홀로 서서 눈물짓는 여인
어머니.

부모님의 생각

용돈과 값진 옷 맛있는 음식
그런 대접 안 해도 좋다
고집불통 꼰대라는 말만 하지 마라
고집 덕분에 너희가 있는 것

부모님의 생각
받들어 헤아림은 살아오신 노고에
머리 숙여 감사드리는 것

부모님의 생각
그 오지랖 속 자존감에 천착하라
진정한 효도의 시발점이다

부모님께 걱정을 끼치지 않는 것
자식의 기본이지만 마음만 앞설 뿐
회한의 늪에 빠진 자식을 보며
안타까움에 눈물짓는 부모의 마음.

이양자

작가의 말

나이 들어가면서 고운 마음가짐을 갖는 것이
무엇보다 필요하고 중요한 것임을 느낍니다.
이쁘게 열심히 살다 가겠습니다.

요양원에서 외 3편

세월이 촉박한 매미는
밤낮 없이 울어대더니 어느새 잠잠해지고

처량하게 가을 알리던
쓰르라미 소리도 사라진 늦가을에

여생이 촉박한 노인들은
어쩐지 아침부터 심란하다

제철이 지난 매미의 울음소리
듣기에도 처량하듯

앞날이 얼마 남지 않은 노인의
웃음소리는 서글프기만 하다.

기쁨으로 살게 하소서

힘든 일에 부딪칠 때마다
걱정을 많이 하지 않게 하소서

삶 속의 아픔과 원망과 힘듦을
잘 견디고 이겨낼 수 있게 하소서

사랑과 용서를 깨닫게 하여
굳건한 마음 갖게 하소서

불안하거나 불만 가득한 마음으로부터
벗어날 수 있게 하소서

고통스러울 때 도리어 강하고 담대하게 하여
마음이 성숙하는 계기가 되도록 하소서

아무런 가치 없는 일로 인해 근심을 쌓아
스스로를 괴롭히지 않게 하소서

세월이 지나도 언제나 내 마음의 안팎으로
기쁨을 만들어가며 살게 하소서.

축하주 마시는 저녁

덥다, 덥다… 정말 지친다
이번 여름은 웬일이니
아직 폭염은 계속된다

지치고 멍한 나날을 보내며
빗줄기라도… 태풍이라도
바라던 마음 간절했다

그런데 오늘 갑자기 불어온
시원한 가을바람
우와 드디어 가을이 왔구나

이 기막힌 가을을 만나는 날
친구를 부르지 않을 수 있겠는가
술은 언제나 나의 친구다

맥주만으론 당연 부족하다
소주를 맥주에 곁들여서
시원하게 한잔 들이키며

드디어 가을맞이 축하주를
한 잔 하는 오늘 저녁
산다는 것이 왠지 즐거워진다.

청춘 시절

문득 돌아보면
눈이 시리도록 푸르른 날이었음을
왜 그때는 몰랐을까

이제는 다 지나간 아득한 청춘 시절
그저 함께여서, 함께해서
눈물 나도록 아름다웠노라

그것이 바로 크나큰 행복이었음을
이제야 느끼게 되나니
순식간에 지나버리는 생의 언덕에서

젊은이들이여
그대 아름다운 꽃밭을 만나거든
마음대로 앉아 노닐다 가기를.

이 순 남

작가의 말

내일은 오늘과 다르리라!
씹지 못하고 삼키는 오늘!
하루는
봄날의 윤슬처럼 다가왔으면.

참개구리 외 3편

밤새도록 동해가 씻어 올린 태양이
방죽을 비출 때
연잎 위에 가부좌 튼 참개구리

문인화(文人畵)의 한 폭이고
민화(民話)의 주인공이렷다

두 눈이 정수리에 박혀
물속
땅 위
천기(天氣)를 읽고
지기(地氣)를 살펴
사는
수륙의 족속

뛰어난 점프 능력과
위장술은
지상의 영웅이요
무적의 해병이다

삶

나의 색깔
너의 색깔
그의 색깔

우리라는 색깔로
세상사 순응하며
무지개 띄워 놓고

나처럼
너처럼
그처럼
조화롭게 더불어 살이

장마 뒤

장마 뒤
파란 하늘
누구인가?

남기고 간 구름
꽃이 되고
짐승이 되고
건물이 되고
거대한 빙산이 된다

말끔히 씻긴 태양은
온 대지를 싱그럽게 물들이고
혼미한 내 영혼을
새물내로 불러낸다

죽순 돋듯
물오르는
장마 뒤
우리네 일상

인종의 꽃밭

코스모스밭에 들면
빨강
노랑
하양
꽃잎이 된다

세계촌에 들면
피부색은 다르지만
저마다 환한 얼굴로
하나의 꽃밭을 이루고

가을바람 불어와
모두를 흔들면
우리는
하나의 춤을 추는
무리가 된다

그렇게 코스모스밭에서
나는
이 세상 모든 색깔의
꽃이 되고
지상의 별이 된다

이상민

작가의 말

숱한 나날을 수더분한 모습으로
쫓기듯 길을 나서는

풀섶 위 자그만 방아깨비
폴짝 튀어올라

지척 건너 바랭이 가지 사이로
깜짝 놀래키고 사라진다

그 틈바구니 거미줄로 아슬한 이슬방울들
느닷없이 날 밀치는 떠오름이란

거울 속 자신을 찬찬히 살펴 본 적이
잊어도 가는 세월 속, 언제였는지. (- 자화상 Ⅳ)

9월이 드네 외 3편

시작이 있으니
끝을 떠올려 봄직이다

옅은 바람에 흩날리는 빗방울
우듬지 작은 가지를 흔들어댄다

둑길 화단 가득
코스모스 새싹들 가을 색의
제 멋을 뽐낼 정취를 그려보는

난, 어디로 가고 있는 겐가

시작을 알 수 없는 궁금들
오지 않을 메아리로 되뇌는
끝없는 어리석음으로 묻어버리며

길 위에 쌓인 낙엽더미를
헤집어대는 익숙함으로 짐짓
첨인 양, 이 순간을 지우려 드네.

가을빛 비스듬

노란 꽃잎 중앙으로 길게
불그스름 혹은 더욱 붉게
거친 붓자국 같은 무늬로

연두색 암술을 감싸 안은
코끝 훑는 청아한 꽃내음
초록 잎새 위로 단아하다

엊저녁
남성사계시장에서 고른
한창 꽃을 올린 자그만 화분

어머니 묘소에
새로 갖다 놓은 국화꽃.

먼 길이었음이라

등줄기 흠씬 적시는
오월 하순의 뙤약볕

한 움큼씩 움켜쥔
무릎 위까지 키 큰 망초꽃들
뿌리째 뽑아 흙을 털어낸다

모친상에 이어
여유치 못한 집안일을 탓하며
1주년이 되어서야 겨우
찾아뵙는 선생님 묘소

'너무 늦게 와서 죄송합니다'
뒤돌아 멀리 내려다보이는
혜화동 성당묘원 정경에 울컥한다

어디쯤에서 반기고 계실까
아지랑이 아른대는 푸른 산머리
아니면 북돋은 골 휘는 논길 따라일까

슬그머니 서재에 꽂힌
선생님 손때 묻은 『한국의 야생화』를 들춰
몇 번이고 찾아보는 여뀌꽃이거늘

귀가길 내내
버스에서 이리 흔들 저리 흔들
졸고 졸며 헤매다 그 꽃 하나 떠올리고

선생님의 「먼 나라」를
여기 다시 되새기는 어리석음을
부디 꾸짖어 주세요.

먼 나라
성춘복

바라보며 바라보며
보다가 숨소리 뜨거워지는
피리소리 아슴한 이승의 덤불
너의 나라로 가리

망초 꽃도 있고 여뀌 꽃도 있고
모시나비 춤 자락 다 꺼내놓아
천지가 온통 꽃 내와 꽃 빛
내 그리로 가리

깜깜하고 한없이 멀고
답답하여 가슴 치는 거기
당신 밖엔 보이는 것 없는
그 세상으로 내 살러 가리

울다가 또 울다가
눈물 튀어 다리 놓이는
꿈 안의 우리산천
내 맨발로 네게 가리.

가을 서시(序詩)

숱한 시간을 뒤로한 채
그만큼의 삶을 떠올린다

허물 벗어 홀가분한 영혼
조금은 자유로이 한가할까

잠 못 이루던 그간의 인고(忍苦)
툴툴 털어낸 밤은 또 어느메로

옷깃을 후비는 서늘
불현듯 가을, 아 가을

낙엽들, 길 위를 뒹군다
고향 멀리 저 홀로

이방감에 지친 낯선 외롬들
잊혀가는 것들로 채우는 저 파아란 하늘.

이 범 찬

작가의 말

님 가신 지 한 돌에 그리움만 쌓이고
흩어진 노랫가락 긁어모아 드리오니
기쁘게 받아주시고 평안히 잠드소서

아쉬움 달래가며 달마다 모여들어
따뜻한 마음 열고 즐기는 마을 식구
그 열정 식을 줄 몰라 내일을 밝혀주리
- 2025년 2월에

이른 봄의 폭설 속에 외 3편

긴 겨울 찬바람 속 견뎌낸 산수유
따신 봄볕 찾아와 노란 꽃봉 터트리니
쌓인 눈 시샘하여도 예쁘게 피어나리

함께하고 싶었는데

반가운 소식 듣고 마냥 부푼 내 가슴
정든 이 보고파서 가리라 말했건만
무거움 가눌 길 없어 그 속내 태웠느니

어둠은 가셔지고 햇살은 도탑고녀
그 눈빛 잊지 못해 등짐으로 걸머지고
흰 구름 마파람 따라 들녘을 달릴거나

매화의 노래

봄이 와 꽃이 피고 눈 덮이니 설중매
달 밝은 밤 바라보면 옥 같아 옥매화네
그 향기 진하기도 해 향매를 못 잊으리

궁궐 안 향나무

높은 담 무너져도 모진 세월 지켜냈다
꺾이고 벗겼어도 저 둥치는 늠름해
그 기상 날로 푸르러 천년만년 성하리

이봉길

작가의 말

산이 보여주는 숨은 비경
산이 들려주는 이야기는 매번 새롭다

눈에 찍힌 낯선 발자국을 따라가다 보면
조금은 짐승인 우리 그나 나나 같은 길을 가고 있다

비탈에 선 나무 한 그루
능선을 지키는 작은 돌멩이가 되고 싶다

발자국 외 3편

겨울산은 눈과 나무뿐인 한 폭 수묵화다

열매와 잎은 발밑에 재우고
눈과 한 몸이 된 나무들
파수꾼처럼 서 있다

한 그루 나무가 되고 싶은 산객
그들의 결속을 비집고 설 자리를 잡지 못한다

눈 속에 묻혀버린 길을
조심조심 걷다 만난 발자국
둥근 발바닥과 네 개의 발가락이 뚜렷하다

나보다 한발 앞서
숫눈에 당당히 흔적을 남긴 발자국
내 발자국을 버리고
둥근 발자국을 따라가다, 엎드려
두 손을 널찍한 발자국에 포개본다

가파른 비탈길도 성큼성큼
내 몸이 원초의 기억을 되찾은 걸까
네 발 걷기가 익숙해진다

가을비 · 2

길을 나선다
마른가지, 팥배나무 볼에 입맞춤하고
숲을 떠난다

젖은 옷 걸어두고
내 마음도 따라 나선다
들판을 가로질러
육지와 섬 사이를 건너뛰고
쫓기듯 갈 길을 재촉한다

가을비는 기다려주지 않는다
마지막 열차다
철새다

가을비 지나간 숲은
늘 그랬듯이
길고 어두운 터널을 바라보고 있다

잠들지 못하는 하얀 밤을 기다리고 있다

김장

독을 묻는다

시끄러운 세상
들뜨고 날 선 것들
절여 버무린다

숨죽은 배추 속에
생갈치도 납작 엎드렸다

들과 바다가 어우러져
한 덩어리 된 김치

차곡차곡
항아리에 욱여 담는다

볏짚으로 다독이고
곰삭은 맛 기다린다

우유니사막

소금사막을 걷는다
사각사각 소금결정이 부서지는 소리
발을 구르면 깨질까 봐
살금살금 걷다가 달려보기도

밤새 비가 내린 다음 날 아침
사막은 질펀하게 물이 괸 호수로 변했다
장화를 신고 하늘을 밟으며
호수 위를 첨벙첨벙 걸어 다닌다

광활한 소금 벌판을 쓸고 오는 바람엔
안데스 고원에서 말라버린 광물의 향기
짭조름한 냄새가 옛 기억을 일깨운다

소금사막은 별처럼 아득한 시간
쏴아 철썩, 파도소리 그리운 듯
울컥울컥 바닷물을 토해내기도 한다

신 윤 선

작가의 말

비가 주룩주룩 내리는 날
눈이 포실포실 내리는 날
그리고 그리움에 몸부림치는 날
난 시인이 되고 싶었다
쭈뼛거리고 있던 어느 날
수필을 줄여보라는 한마디, 용기를 주어
정말 시작하게 되었다.
시인의 길을 열어주시고 공부할 수 있게
도와주신 L선생님과 Y선생님께 깊은
감사를 드린다.

민들레 외 3편

보슬비로 짙어진 길섶
노랗게 한창인 민들레 위로
뇌성마비 아이들의 얼굴이 겹친다

봄이면 더욱 무성해질 그 끈질김에
마음 한구석 안도감이 돈다

볼 때마다 버거움에 좌절하다가도
민들레처럼 살려는 그들이기에
삶의 의미와 가치를 잃지 않고 살아간다.

사랑해야만 돼

내 속에 사는
여인들

꼬집어주고 싶은,
보고 싶지 않은,
보듬고프나 외면하고 싶은,
박수를 보내고 싶은,
매몰차게 후려치고 싶은

여자, 여자, 여자

난 모두를 사랑해야 돼

그들은 모두
바로 나.

어머니의 미소

옥양목 구김살에
팔과 다리는 삭정이 다 된 양

"누구요?"
대찬 표정은 어디에 숨었는지

"보고 싶었다. 내 동생~"
개미 소리만도 못하고

"엄마, 큰딸이여"

엄마의 기억을 지워가는
시간, 그 틈 사이에서 나는
엄마의 딸이면서 동생이 된다

"아, 우리 큰딸, 보고 싶었어"

미소 짓는 얼굴에
저 애달픈 그리움이여.

추억

바랜 색동 앨범
쓱쓱 먼지를 털고
겹겹 추억의 더듬이를 꺼낸다

먼지만큼 잊고 지냈던
소중한 인연과 풍경들

다들 어디서 무얼 하고 사는지

젊음이 떠난 자리에
누구의 할머니로 살고 있을
가물가물한 이름 석 자

우연히 길에서 만난다 해도
변한 모습에 스치고 말 인연
앨범 속 얼굴로 기억하고 싶다.

손영진

작가의 말

사계는 쉬지 않고
밤낮없이 돌아가는데
언제나 해가 뜨고
낮과 밤이 바뀌나니
아무리 누가 뭘 하듯
시조인의 길은 그냥
변함없이 가는 중입니다
철이 들면 다시 여쭙겠습니다.

홍제폭포 외 3편

산허리 매만지며 돌고 도는 폭포수는
숲속에 걸린 화폭 붓질하는 절경이네
어쩌나 하얀 무지개 누가 갖다 걸었나

높다란 하늘에서 몸을 부린 용천수는
여인네 주름치마 바람 사이 펄럭이듯
흰 거품 솟아올라서 속옷 적셔 흐르네

잔가지 어깨 기댄 그 틈새 절벽으로
은밀한 세상 신비 감춰놓고 쏟아내듯
물안개 천국이 되어 더께 가득 벗겨내네

폭염 속에서

불볕더위 소리 없고 소금가마 끓어대고
풀이 죽은 나뭇잎이 그늘막을 만들어서
야박한 더위를 막아 숨 막힌 여름 넘으리

온몸에 성난 등살 적삼 흠뻑 땀이 젖네
축축한 처마 끝에 풍경 소리 바람 소리
산 넘어 시원한 손길 가두면서 살리라

등물에 물바가지 뼛속까지 저미는데
우물가 저녁노을 내려앉은 땡볕으로
매미가 목놓아 우는 곡비울음 들리네

망부석

할머니 신접살림 꿈결인 듯 끝이 없고
시대의 가시방석 얼굴 묻고 입을 닫아
나그네 멍든 눈빛을 세상 누가 알겠나

한 번도 고개 든 적 모르는 할미꽃에
깊어진 속병 앓이 골연 연기 그름 태워
가슴속 바윗돌 앙금 씻겨본 적 없었네

지나온 사랑길 속 간절함을 유골함에
외손주 깊은 시름 겹쳐지는 붉은 노을
지아비 칠십 년 귀향 영혼으로 맞았네

모란꽃

요염한 유쾌함이 모란꽃에 비할까나
수줍은 뒷모습을 감추어도 아리따움
당나라 양귀비만이 경국지색 아니라

모란의 미모만큼 이쁘기로 불그스레
꽃송이 풍성하고 향기마저 아름다워
밤새워 지켜보기도 아쉬움에 설레라

심봉구

작가의 말

사는 게 흡사 물안개 같은 것이고
죽는 게 희뿌연 구름이라면
우리 또한 여린 갈대꽃으로 건들거리다가
구천 지극한 거리 어디메쯤
메아리로 흩어지는 것일까

가느다란 인연의 끈을 꼭 붙들고
오늘은 동동대며 살아갈지라도
까마귀의 못난 웃음이나마
까욱 까아욱 시늉하며 살지, 뭐

소가죽 타령 외 3편

앞산 그리메 일렁이던 두 눈
초가집 대들보 같은 등뼈
음전한 두 뿔도 다 뽑히고
빈 껍질 소가죽 되어 떠나네
만장처럼 펄럭이며
기럭기럭 울며 떼지어 떠나네

날아가다 어떤 쪼가리는
거룩한 말씀 담아 눕고
어떤 껍질은 둥둥 북 되어
하늘로 솟는 영혼으로 우네
어떤 가죽은 전장의 군화 되어
잘린 발목을 담아 길길이 뛰고
어떤 쪼가리는 샹젤리제 거리에서
샤넬 공주로 참 요염하네

바람 같은 껍질이 되어
바람 같은 인생을 닮고 마네
히틀러의 번쩍이는 장화같이

미친 지랄이기도 하고
마릴린 먼로의 빨간 하이힐처럼
해거름 진홍 노을이기도 하네

스며라, 배암

화천 농막에
납시었다 구렁이
찬란한 보석을 주렁주렁
걸치고 슬렁슬렁 나타났다
촘촘한 나일론 그물망을
만능열쇠로 철컥 열고
비웃으며 걸어 나왔다
파란 얼굴로 맞설 수밖에
경기 일으키는

깊은 강이나 바다에
뱀장어로 살아 마땅할 놈
나랑 무삼 원수졌관데
천하 악당 리반클리프같이
예까지 찾아와
바늘 눈빛 번뜩이는지
천경자 할매를 부를까
서정주 할배를 부를까

우크라이나 도살자 눈알과
정치꾼 그 뱀눈이 겹쳐
팍! 곡괭이로 찍을까 했지만
후환이 두려워
징그러운 뒤처리가 더 무서워
싸리비로 어깨 떠밀어 보낸다
미당이 알려준 주문 읊으며
스며라, 배암
스며라, 배암

*리 반 클리프: 지구상 가장 비열하고 기분 나쁜 눈빛의 악당 전문 배우
*스며라, 배암: 서정주의 시 「화사(花蛇)」의 한 구절

화진포 풍경처럼

아마 스물세 살이었을 거야 서른 즈음 여자 손에 끌려 밤새도록 달려간 화진포, 황금물결 찰랑댄다는 이시스터즈의 노래는 뻥이었어 진종일 장대비는 소주병을 때렸지 여자는 철컥철컥 지포라이터를 켜댔고 자줏빛 입술로 튕겨내는 도너츠 연기는 감전된 날개로 부르르 떨다 빗물 범벅 내 장발머리에 작별같이 우수수 떨어졌지 그냥 포말로 스러지고 싶었어 화진포 풍경처럼

이십 년 후 죽어나보자 스며든 화진포에 영사기 필름처럼 불쑥불쑥 나타난 환상, 김일성 별장 계단에 김정숙이 딸 경희를 안고 있지만 다음 해에 죽네 이기붕 별장 솔밭에서 어미가 식모였던 강릉 박마리아가 세 남자 사이에서 까르르 웃고 있네 다음 해 아들 총에 모두 죽네 이승만 별장 뜨락에서 프란체스카가 홀로 독일 노래 부르네 한복 저고리 꿰매듯 늙음도 꿰매며 살던 비엔나 여자, 하얀 늙은 번데기로 스러지네 유치한 유서도 진홍 노을로 스러지고 마네 화진포 풍경처럼

또 이십 년 후 가을이 쟁그랑대던 날 아내와 며느리 손녀를 태우고 찾아간 화진포, 늙은 아내는 관절통을 가득 씹으며

검어지고 젊은 며느리는 봉실대는 수평선 꽃구름 보고 발개지네 괜스레 겁이 나네 손녀가 아장아장 유치하게 걸어가네 황금모래 즈려밟고 걸어가네 고운 파도 이파리들 하얗게 몰려와 좌르르 박수치네 구름 양탄자 타고 둥실 떠나고 싶네 좋아죽고 싶네 미친 화진포 풍경처럼

오징어

한때는
동해 속살을 뚫고 다니는
이쁘디이쁜 꼬마 미사일이었어
수천수만 찬란한 미사일 떼거리였어

비린내 자욱한 포구 바닥에서
화약과 배터리가 적출되는 순간
깡마른 바람의 영혼은
들썩이는 어깨를 안아주고는
접신처럼 깃들었지

수많은 종류의 바람을 타고
방망이 수류탄 같은 소주와 손잡고
죽은 자와 산 자의 가슴을 열어봤어

목이 메어 마른 몸 다 찢어주고
허한 바람으로 돌아섰지, 뭐

박정향

작가의 말

몸살을 앓게 한 무더위 속에 아픈 몸과 마음에서
헤어나지 못해 손 놓고 지낸 여름이었다.
그간 녹슬었던 펜을 이번 동인지에 게재할 작품을 계기로
녹슨 마음도 펜도 갈고 닦게 되어 감사하다

들국화 외 3편

가냘픈 소녀처럼 목 줄기에 매단 고개
꽃향기 날리며 바람결에 하늘거린다
보랏빛 밝은 얼굴 부드러운 몸짓으로

정갈한 맑은 영혼 풍기는 향기로움은
잊어진 누군가의 기억의 회향인가
또 길섶 누구의 심장을 에우려는가

풍성한 가을 식탁에 자리한 청초한 여인
때로는 야성녀처럼 눈길을 사로잡느니
고고한 단아함이 꺾여도 쉬이 시들지 않네

잡초 속에서도 기품이 돋보이고
네 당찬 기백까지 먼 어느 전설 속의
귀하게 사랑받던 명문가의 공주였을지도

어느 찻집
- 모우(暮雨)에서

천장 속 하늘공원 비선의 춤 놀이에

베일 속 불그레한 여인이 웃음으로 맞는다

문우의 몸짓에 붙박이 나무 주렴이 출렁이고

탁자 위 삶의 소품들 실눈으로 다가가니

길게 늘어 선 검은 커튼들 사이사이로

와인의 축배 끝이 난 자리 이젠 커튼을 걷자

공원에 신록들이 기웃대는 창가에 앉아

백발의 신사는 캐모마일 차 마시며

사라진 날의 낡은 수첩을 뒤적거린다

오늘을 사는 사람의 따뜻한 시선들을 모아

무성한 노천카페 나뭇가지에 마음 걸치고

어스름 비의 마음 밝혀 인생을 스케치한다

여정 · 2

내 귀는 열린 동굴 수숫대 수런거리며
피리 바람 스친 맑은 물소리 내 귀를 씻고

내 눈은 깊은 호수 쏟아지는 금빛별 담고 있다

내 볼은 푸른 달빛 차가운 이슬 머금고
내 발은 아직 빛 안쪽 어두움의 미궁 속이나

태양을 향해 숨차게 가슴 흠뻑 밝은 빛 채우리

골목길 동네 안팎을 돌고 돌아서
안식처 기다림의 곳에 이르러서야

그 임을 향하여 겸손하게 무릎 꿇어 분향하리라

미술관 찻집에서

이런 날 음악 있는 찻집을 찾아 나선다
창 너머 전시 홍보 깃발이 겨울 하늘 나부껴
비켜선 을씨년스런 날씨가 마음까지 흔든다

부츠 신은 여인 긴 다리 어둠으로 잠적하고
조명을 받은 하늘 건물엔 별난 도형이 서고
붓질한 삶의 명화들을 삶 가운데로 들고 나온 날

리필한 커피마저 마지막 마시고 나면
애수의 비오는 날 선율도 끝이 나려하고
그림 속 주인공처럼 가설무대에서 내려야 하네

침잠한 불야성의 미술관도 놓아버리고
한 세상 열린 길로 서둘러 돌아서서
사유의 긴 꼬리 드리운 채 일상으로 회귀는

내 삶의 화판에 명암의 실한 그림이 그려짐은
오늘 거장의 화필을 통한 만남도 한 몫이려니
이런 날 가슴팍에 새 깃발 심어 마음 살펴 살리

박영배

작가의 말

잘
있느냐

!

물 아래로
뜬

달

안부만 묻고
가신다.
- 졸시 「개울가에서」

성춘복 시인 · 1 외 3편

집 나간
텃새들 목쉰 울음소리 행방을 좇아
숲길 멀리 서릿발로 헤매다가
저물녘에야 젖은 발자국 줄 세워 돌아온 시인이
집 문에 대고
소리소리 지르곤 하였습니다

"누가 없느냐 누가 없느냐
거기, 아무도 없느냐 누구 없느냐"

그런 날이면
한참을 기다려도 도무지 기척 없는 담 너머 안쪽에서
쓰다가 버린 시 토막 두엇이
쪼르르 달려 나와
젖은 눈으로 문을 열어주곤 하였습니다.

성춘복 시인 · 2
- 오! 수정

한 계간지에 시를 연재하던 겨울이었다 홍상수 감독의 오래 전 영화 제목을 빌려 시 하나 만들었다 사랑 이야기였는데 원고 마감이 가까워질수록 줄거리가 남루해지고 있었다 그렇다고 버리기는 아깝고 해서 마침 상남 선생님 댁에 공부 모임이 있는 날 민망을 무릅쓰고 선생님께 도움을 청했다 그런데 한참을 원고에서 눈을 떼지 않던 선생님이 가만히 내 얼굴을 바라보시더니 "시는 진한 맛이 있어야지" 하면서 뜻밖의 후한 점수를 주시는 거였다 바로 그때였다 옆자리에서 말없이 대화를 엿들으며 시 제목을 넘겨보던 사모님이 양 볼에 홍조를 피우시나 싶더니 돌연 낭랑한 목소리로 사실 하나 바로잡자며 나서시는 게 아닌가 말씀인즉 아직도 선생님 얼굴 빨개지는 저 어릴 적 짝사랑이라는…… 아, 얼어붙은 엄동의 오후가 파르르 끓어오르고 있었다 그날 이후 나는 누이처럼 익숙한 이름의 나어린 표정과 함께 그 조용한, 그러나 속울음으로 달구어 와 닿던 노시인의 눈빛이 문득문득 떠오를 때면 맑은 하늘 자락에 파아란 시 한 줄 새기곤 하였다.

성춘복 시인 · 3

길에 속았기 때문이고
압박과 궁핍 속
늘 자유롭고 싶어
시를 썼다고
흔들리는 손끝으로
스물한 번째 시집 글머리에
꾹꾹 눌러 적었다

그 하루하루
부디 잊지는 마시라고
주체스럽다며
신발조차 벗어둔 채
문밖을 나서 먼 길 떠나시는
쪽빛 어스름에
간곡히 빌어 드렸다.

성춘복 시인 · 4
— 그리고, 그리다*

성춘복 시인은 즐겨 그림을 그렸다 철 따라 아내 앞세우고 길을 나서 아슴한 풍광으로 두꺼운 화첩을 채우곤 하였다 그럴 때면 수필가 아내는 덩달아 바빠진 손놀림으로 얼음강에 누운 거룻배며 낮달에 얼굴 붉힌 느티나무며 그림 속 가난뱅이 인연들 옆 표정을 비워 간 수첩에 다져 넣곤 하였다 어느 저물녘이었다 여간해선 인물화는 그리지 않는 시인이 노을빛에 불콰해진 작은 그림 한 장을 불쑥 아내에게 내밀었다

마냥
그대로일 듯싶은 풍광으로

그리고
그리다

첫 장 넘기기도 전에
끝내 보여주지 않을 듯싶은 물빛 표정으로 시인은

아스라한 모습을 하고.

*『그리고, 그리다』 우희정 지음, 2025.

남복희

작가의 말

서늘한 그리움이 살짝 지나가는 9월이 오면
생각이 깊어지고 고향에 가고 싶다.
웃음이 비슷한 동네분에게 인사하고
오래된 느티나무아래 서서
옛 기억을 만나고 싶다.

푸른 꿈 외 3편

누군가 나에게 선물상자 준다면
푸른 꿈이 담긴 베이지톤 상자를 받고 싶다
새봄이 오는 환한 색으로
꿈을 그리고 싶다

가벼운 초록 운동화 신고
밝은 웃음 지으며 외출하는
손자의 모습을 그려보는
새봄의 저물녘

햇살 무늬

안갯빛 창문에
소리 없이 다가온 햇살 무늬가
희미한 옛사랑의 그림자를
불러온다

어릴 적
빈 벽에 토끼도 그리고
여우도 만들던 손 그림자놀이가
추석이면
트럼펫 소리 앞세우고
서커스 펼치던 천막극장이
다가온다

이제는
손바닥 크기 스크린에서
숏츠에 빠진 사람들

햇살무늬 팬터마임은
더 이상 보이지 않는가

잠시 헤어질 순간

함박눈 내린 공원에 모인 독수리 형제들
눈꽃 달린 나뭇가지와 높은 건물 배경으로
모델처럼 서 있다

부푼 어깨에 가는 허리가 목표인 아트형
말을 아끼는 칸트
구름 펌 한 머리로 나타난 뉴질랜드 혁이
긴 코트가 어울리는 명상가 타입 은호
패션 홍대 거리 좋아하는 드림형
어릴 땐 비슷비슷한 얼굴이
틴에이저가 되니 개성이 보인다

정겨운 휴가를 보내고 잠시 헤어질 순간
운동 좋아하는 혁이가 힘있게 드림형을 안고
고개를 숙이더니 눈시울이 젖는다
가까이 있던 울보 엄마가 눈물을 훔치고
조금 떨어진 곳에 선 외할머니도
손수건 찾으러 안방으로 간다

마음은 이렇게 연결되어 있다

마음에도 무늬가 있을까

상큼한 바람이 부는 오후
밀린 책을 읽는다
'불편한 편의점'
젊은이 공간으로 여긴 곳
가끔 교통카드 충전하면서
편리한 편의점으로 인정하고 있다

어둑한 표지에 노란 불빛이 새어나온
편의점이 보물섬처럼 보인다
책 초반부에 나타난 의리남 독고씨,
따뜻한 이웃 Y여사
알바생 S는 꿈꾸는 젊은이로
흑백영화 보고 있는 듯
정감있는 스토리가 펼쳐진다
마음의 무늬가 보인다

문득 노들섬이 그리워진다
파란 하늘에 하얀 마가렛이 물결치는 그곳에
내 마음이 다가간다

김지현

작가의 말

노랑 개나리꽃 엊그제 갔건만
보랏빛 라일락 온 동네 향기
잔치하더니 어느덧 국화주
생각나는 가을입니다

선 하나 더 긋는 외 3편

숨이 가쁜 가풀막을
얼마쯤 올랐을까
발 기둥이 부들부들 흔들린다

저녁 안개는 자욱한데
미로 속을 벗어나지 못하고

못마땅한 나이 탓
엄살을 부리지만

그렇다고 혼자만은 아닌 것

아름드리 저 소나무도
얼마나 많은 수액을
나이테 속에 흘렸을까

굴뚝 연기 풀어헤친 바람에
어설픈 숫자 하나 더 긋는다

옛 그림자 찾아

아까시꽃이 주렁주렁
그네를 타는 오월 끝자락

망초꽃이 옥양목 펼쳐놓은 듯
우윳빛을 뿌려놓고

붉은 보라 엉겅퀴는
홍일점 되어 정오 풍경을
색칠하는 포천 성당 묘원

무릎까지 마중 나온 풀들을
살살 달래가며 은사님 묘 앞 이르렀을 때

두 팔 벌려 반기며
자리 권하시던 모습 어제 같건만
흰 구름만 소리없는 손짓으로 옛 이야기 속삭이네

풀꽃을 좋아하신 모습이 눈앞을 간질인다

어제 같은 오늘

하루를 몸 바쳐 불 밝힌 세상
한허리 꺾일 때쯤

평행선 전깃줄에 걸터앉은 새가 되어
한숨 돌릴 때

둥지를 찾아가는 발걸음 속

헐떡거리는 가슴속 활화산은
식을 줄 모르는데

젊은 맞벌이 부부는
하루가 한 달 같다 한다

식어가는 태양은
보일락 말락 숨결 고르고

텅 빈 거리의 가로등만
마주 보며 눈싸움 중이다

어제 같은 오늘을 사는
문짝 없는 개미집에선
내일의 여명을 기다릴 것이다

찻잔 속의 너

십이월 어느 날
입 다물고 묵상하다 입꼬리 올린
날씨에 끌려

따끈한 차 한 잔 친구 삼아 마시는 창가

감미로운 선율 따라
나풀대는 잎새 하나 냉큼 등에 업혀
동네 한 바퀴 재촉할 때

함께하지 못한 찻잔 속에
아물거리는 모습 하나
식기 전에 보고 싶다 손짓 마냥 하고 있네

김 미 자

작가의 말

눈빛은 하늘처럼
끝없이 푸르러지고
가슴은 바다처럼
깊고 깊어지게 하소서

그립고 그리워
가없이 사무치는 이 마음
부디 가을을 닮게 하소서

북창(北窓)을 열면 외 3편
– 오창익 수필선집 『북창을 향하여』를 읽고

무작정 남쪽으로 향하던 열여섯 살 소년
눈물마저 얼어붙는 그 강가에서
꼭 꼭 살아 오너라
옥양목 손수건 흔드시던 어머니 모습
멀어질수록 선명했다

고단한 창가에 고운 볕 빗겨 키운
해바라기 닮은 사랑에
긴 외로움은 눈부신 기쁨으로 익어
크고 탐스러운 꽃판에 맺힌 다섯 열매
튼실한 소우주(小宇宙)를 이루고

고향 닮은 산자락 보금자리
북창을 내고 가꾼 뜨락에
피붙이 같은 쪽감나무, 꽃단풍
노향, 주목, 장수향나무들
함께 나이 들어가지만

코스모스 춤추는
통일로를 달리는 꿈길마다
녹슨 철마를 깨우며
멀어져가는 기억을 애써 잡으니
푸른 강 건너 다시 백 리 길 달려가면
앞마당 우물가에서 기다리시는
어머니, 누이와 형님들

북창을 열면 맞아주는
살뜰히 정붙인 꽃나무들로도
차마 대신할 수 없는
목메어 부르지 못한 이름, 이름들이
먹먹한 눈빛에 잠긴다

서곡(序曲)

당당한 눈빛에 파안의 미소
기나긴 병마를 이겨낸 그녀가
검정 실크 드레스 자락을 찰랑이며
피아노 쪽으로 걸어가네

일렁이는 고요를 가르는
평균율 1권 1번 서곡
가볍고 밝은 리듬에 마음 적시며
새해는 잔잔한 물결 같으라 기원하는데
베토벤의 비창 2악장과
쇼팽의 프렐류드 넘버들이 뒤따르네

광막한 어제를 헤치고 온 이들
울고 웃은 사연 다 내려놓고
하늘을 우러르라 하네
뛰노는 아이들과 강아지를 바라보고
비 오면 빗방울 연주를 즐기고
단풍길 눈길도 걸어보라 하네

싱긋 웃으며 다시 시작하라고
굽고 휜 등을 보듬는 드맑은 선율
괜찮다며 다시 담담히 나아가라는 곡진한 요청에
그만 답하고 말았네
처음이듯 다시 새롭게 시작하겠습니다
파안의 미소 멀리멀리 뿌리며
(2025.1.11 서희정의 신년음악회에서)

그날 와이키키 해변에서

어머님 아흔 되시던 해 겨울 어느 날, 어머님 오수에 드신 후 저희 둘은 와이키키 해변을 거닐었어요 산들바람을 안고 가끔 다이아몬드헤드 쪽을 쳐다보며 걷다가 부겐빌레아 담장을 넘으며 출렁거리는 주택 앞 반얀트리 그늘에 앉아 기슭에 찰랑이는 파도를 바라보았죠

난 꿈에도 몰랐네, 몰랐어 그런데 당신, 그런 일 겪고도 어떻게 잘 해드릴 수 있지? 왜 그렇게 잘 해드려, 응? 제 반쪽이 묻기에 대답했지요 아…, 효도하셨으니까, 효도 받을 자격이 충분하시니까

간밤에 둘째아주버님이 맥주잔을 내밀며 안 봐도 안다면서 몇 가지만 말해보라고 하도 졸라서 딱 하나만 말했어요 먼지 켜켜이 쌓인 신부일기 몇 줄을 웃으며 조잘조잘…, 그 밤의 분위기가 그랬거든요 그렇지, 그럴 줄 알았다는 반응에 하하호호 했지요

어머님은 참으로 대단한 효녀셨지요 10년 동안 제가 시외조부님 모시고 살면서 다 보았잖아요. 저도 꽤 고단했지만 괜찮았습니다 효도하느라 그랬던 거니까요 제 아버지는 길

이 아니면 가지 말라고, 엄마는 어른들께 성심을 다하라고 늘 말씀하셨거든요 지킬 도리 중 으뜸이 효라고 오늘 다시 새기오니 효행의 진수(眞髓)를 보여주신 어머님, 하늘의 뽑힌 이들 가운데 진복을 누리소서

그게 뭐였는지…, 생각나지 않네요 말해 달라 조르던 둘째 아주버님도 떠나셨고 제 반쪽은 뭘 맘속에 깊이 두지 않잖아요 저도 그날 그걸 파도 찰랑이던 해변 가없이 푸른 태평양에게 주고 왔어요 그래, 그랬구나 하시고 어머님은 그저 평안하기만 하소서

*반얀트리(Banyan Tree): 인도 동부 원산의 벵골보리수 나무. 지혜의 나무라 불린다. 또한 널리 알려진 호텔과 리조트 사업체의 브랜드명이다

봄을 기다리는 아이

나의 봄이 봄을 기다립니다
민들레꽃자리를 자꾸 들여다봅니다
노란 꽃잎에 입 맞추며 안아보고
하늘하늘 춤추는 씨앗
호호 불어 날려주고 싶어
봄을 기다립니다

봄이 아주 멀리 있을 때부터
온 뜰을 살피며 새봄을 그리워합니다
봄처럼 밝고 환한 얼굴로
봄과 놀고 싶고 봄처럼 꽃피우고 싶어
봄을 기다립니다

나의 봄이 봄을 기다립니다
목련나무 가지 끝을 자꾸 쳐다봅니다
하르르 흩날리는 꽃잎을 주워
보드란 살결 쓰다듬으며
마냥 안타까워할 봄을 기다립니다

나의 봄이 봄을 기다립니다
나도 봄의 봄을 기다립니다

김난석

작가의 말

올해 여름은 참 더웠다
세상도 어수선했지만
그래서 이것저것 손사래쳤는지도 모르겠다
그래도 펜이야 놓을쏘냐.

한 방울 외 3편

하늘에서 뚝!
그건 한 방울이었지
청천벽력이 아닌 존재의 시원(始源)

하트 투 하트(Heart to Heart)
오(O), 사랑이여!
그건 태초, 물 한 방울(H_2O)의 소리였지

어머니 배 속의 한 방울
아버지 배 속의 한 방울
그게 하나로 내를 이루었어

졸 졸 졸 흐르는 듯 마침내는
뚝!
한 방울로 돌아가느니

탄생의 환희도 한 방울로
소멸의 회한도 한 방울로
나의 시각은 지금 몇 시쯤이던가

사랑이 아니라면 차라리
뙤약볕에 산화하고 말리라
한 방울도 아니게.

조

아침이라는 건지
이르다는 건지
가을 하늘 조용하라는 건지

모두 다 맞는 말 같지만
스슥이라야 제격이네
그것도 어머니 음성으로

잘 여물어 고개 숙이면
하나씩 똑 똑 끊어
스슥 슥슥 문질러 뭉개뜨리고

손으로 휘휘 저어
바람에 까불면
참새 눈물 같은 알곡만 남았느니

하늘이 겨워 고개 숙인 이여
땅을 못 떠나 허리 굽은 이여
참 청승맞게도 닮았구나.

자라섬 정자

오월 푸른 하늘 아래
강물은 춤추고 노래하고
들풀들 바람에 흔들어대는데

누구인진 몰라도
둘이 맞대고 앉아
사랑이여 머물러라~~~ 하네

구름은 둥둥
강물에 떠내려가고
나그네 눈빛도 강물 따라 흐르느니

세월이 야속해
아, 세월이 야속해.

을사년 수국

그것은 토양에 따라
색깔이 참 쉽게도 변하지
중성토양에선 흰색으로
산성토양에선 푸른색으로
알칼리성 토양에선 붉은색으로

그러다가 토양이 바뀌면
용케도 또 변색하는데
을사늑약, 그해 수국은
무슨 색들이었을까?
그게 궁금하네

을사년, 왕벚나무 둘러싸고 있는
수국을 보네
붉은색인지 푸른색인지
또는 흰색인지
모두 누루둥둥 희아리졌네.

권 한 나

작가의 말

우리는 가을 냄새를 맡으며
설악산부터 내장산까지
단풍길을 걷는다
또한 동인님들의 글밭으로
동심으로 쓴 시로
혜화동에
즐겁게 만나러 간다.

들꽃마루에서 외 3편

재밌죠? 재밌잖아요? 깔깔깔
노란 코스모스 길을 오르다가
다섯 살 낯가리는 꼬맹이가
내 손을 슬그머니 잡더니
연분홍 하양 빨강 코스모스 내리막길을
막 내리달린다

어머나!
팔십세 언니와 손주가 넘어질까 봐
뒤에선 동생의 걱정하는 소리

또 오르막 코스모스 길을 올라가다가
반대 방향 내리막 길을
꼬맹이 손이 나를 잡고 팔랑팔랑 까르르
내 동생 손주 연우의 사랑스런 웃음소리가

할아버지 등에 업힌 내 다섯 살 때
가볍게 땅에서 붕~ 뜨는
그 기분
드높은 가을하늘의 오색 풍선같네

초봄

높고 긴 담벼락에
영춘화가 화사하다

하늘의 별들처럼
별눈으로 속삭인다
아침 창밖은
눈발이 날아와
구상나무가 크리스마스트리가 되어 서 있다

영춘화 꽃잎 위에도
소복소복 쌓이며 눈꽃으로 피었다

눈 그친 봄볕의 오후
눈꽃이었다가
노란 별꽃으로 되돌아온 영춘화

초봄은 반짝하며
화들짝 눈 뜨는 봄꿈이다

사 랑

봉사는 사람 나름이다

발과 신발이 뒤엉켜 붙어서
구더기가 기어나오는 현장에는 기쁨이

퇴직 후 7년을
카자흐스탄과 몽골에 가서
헌신하고 돌아온 친구 부부의 삶의 비움이다

실신 직전
보호자를 큰언니로 선택한 어머니를
무료로 치료해주신 산부인과 선생님을
뵌 큰언니의 꿈은 의사였다
자녀들, 사위들, 손주들까지
의사로 키운 큰언니는

교직에 있을 때도
어려운 학생들을 돕는 일과 교회 봉사활동에도
선두에 섰다

영, 육이 서럽고 아파서 울 때
위로와 치료를 하는 봉사는
가슴 저린 기쁨을 주고받는 예쁜 행위다

폐교

평창 무이예술관
메밀꽃 흐드러진 그림들
조각 음표붙은 작품들이 전시된 곳

유학갔던 손녀 대학 졸업여행에
온 가족이 들른
학생수가 급감해 폐교가 된 곳

운동장엔 왁자지껄 숱한 발자국
소리 대신 쫙 편 손바닥을 흔들듯
코스모스가 그리움처럼 피어있다

'선구자' 작품 앞에 서서
엄마께 헌송하며
속삭이듯 곱고 청아한 노랫소리가

초딩 딸애의 모습과
대졸 손녀의 얼굴이 클로즈업되어
꽃이슬처럼 아슴하다

고경자

작가의 말

보르헤스의 픽션들
몰입되는 '원형의 폐허들'
주인공은 꿈에서 인간을 창조하고
다른 누군가는 꿈에서 주인공을 창조해낸 보르헤스
무한한 순환의 원형 속으로
반복과 환상 존재의 본질
시작과 끝을 향해 달리는 존재자
자아가 속삭인다
이제 그만
환영에서 깨어나라고

울란바토르에서 외 3편

모래 언덕에 앉아 가슴을 열고
바다를 소유하신 선생님
강은 잠들어 있고 호수는 여전히 블루빛입니다

하늘의 입술을 훔친 바람을 찾아
나비가 날고 있네요
자작나무 숲 성글게 내리는
눈발 사이에서 딴 아네모네 꽃
책갈피 속에 숨은 꽃잎 깊은 잠에서 깨어
하얗게 피어나고 있습니다

울란바토르 하늘은 별들의 천국
황소자리에 뜬 젊은 성단의 별
은하 중심을 도는 플라이데스 성단
유독 빛나는 여섯 별자리을 보면
우주가 생긴 이래 인연에 따라 생겨나고 소멸하는
자연법칙이 무색할 때가 있습니다

인간의 삶은
앞에서 끌고 가는 것 같지만
어쩌면 뒤에서 떠밀려지고 있을지도 모를 일입니다

아직도 별은 지지 않고
고독에 젖어 있는 별
의지에 밀고 당기는
우리들의 일상
의식 속에 있는 시간 흐르고 있습니다

성단 어느 곳에
은하수로 흐르고 있을 선생님
'인연'을 펼치며
문단사에 족적을 남긴 인연은
역사 속에 남아 흐르고 또 흘러 갈 것입니다
소소리 문학관은 언제나
선생님 미소 성체로 흐르고 있듯

소록도

빛나는 윤슬의 섬
겨울비 소리 없이
사각사각 긁어대는 전생의 아픔
고립된 삶의 애환을 토해내고 있다

바람 등지고 눈물 앞에 마주 선 수탄장
끊어지지 않는 인연의 고리
손짓으로 내통하는 혈맥의 흐름
까맣게 타버린 가슴을 여미고 있다

찬이슬 엉겨 붙은 벽화
화인 맞은 편견의 묵언들

절망 안고 시대를 살아가던
한센인을 물들이던 소록도
전설이 된 아픈 사연

원죄와 좌절 앞에서 흔들리던 섬
자유로운 영혼들 아기사슴 되어
솔숲 사이를 뛰놀고 있다

존재하지 않은 일에 관하여

눈을 뜨면
허공이 깊다
지독한 폭염이 소실점을 뚫고
심연의 미궁 속
의식 속에 각인된
실체들을 열어놓고 있다

데카르트 코키토 "나는 생각한다 고로 존재한다"
"나는 생각한다, 그래서 생각하는 나는 존재하지 않으면 안된다"
라깡의 창조한 주체의 소멸과
데카르트의 코키토 추론인 존재의 증명들
내가 존재하지 않는 일, 존재한다는 시간들의 물음표
사유의 언어를
원주율 안에서 구하며
나는 존재한다

메를리 퐁티
'생각하기 전에 느끼므로'

구경시장

비 출출 오는 날
먹거리 천국 시끌벅적
온통 마늘로 만들어진
골목골목마다 진풍경이다

마늘빵 떡갈비 강정 좌판에서
찌들어 가는 삶의 햇살
살포시 품어 안는 하루를
동아줄 셈법으로 부여잡고
기다림의 미학을 그리는 상인들
고구려 남한강 유역 중심지
역사성과 전통성으로 옛 수도 시장이라는
이름을 불리기도 하고
단양 팔경에 하나 더해져
9경이라는 의미라고 불리기도 하는 구경시장

마늘 순댓국 한 사발
메밀전병 깊은 맛에 취하는
남한강 쏘가리 특화거리
상점마다 곶감 걸리듯 내걸린

한 접 두 접 마늘의 미색
인연 맺은 무수한 사람들
주고받는 거래 이뤄질 때마다
입가에 번지는 야릇한 미소
날돈이 쌓여 다발 이루는 시장 풍경
비 멈춘 하늘이 환하다

김재범

작가의 말

무위자연이든 무위도식이든 삶은 그리 쉽지 않다.
불청객처럼 슬그머니 찾아오는 허무를 달래며
함께 길을 걸어가야만 한다.
세상은 내게 권태의 늪에 빠지지 말고 루틴이 있는
삶을 사랑하라고 한다.
시시포스의 바위를 숨고르며 기꺼이 밀어 올리고,
내 존재의 의미를 찾는 노력을 게을리 하지 말라고 한다.
어느새 중년의 가을이 왔다. 낙엽들이 이리저리 뒹굴다
바람결에 사라지는 모습을 보면 사념(思念)이 깊어진다.
서러우면서도 아름다움의 여운이 가슴속에 스며든다.

연탄과의 추억들 외 1편

  6~70년대를 살았던 사람들의 뇌리에는 연탄에 대한 추억이 많을 것이다. 내가 80년대 아파트에 살 때도 한동안 사용했다. 그 시절 연탄은 쓰임새도 다양했고, 잠시도 서민들 곁에서 떼놓을 수 없는 생활필수품이었으며 애환 어린 사연도 있었다.
  하루 벌어 하루를 먹고 살던 궁핍한 시절. 저녁이면 새끼줄에 두어 장씩의 연탄을 끼워 들고 집으로 들어오시던 부모님 모습이 가슴 아리게 떠오른다.
  조금 여유가 있어 연탄 50장이나 100장을 들여놓은 날은 한겨울을 따뜻하게 보낼 수 있다는 뿌듯한 마음으로 마치 세상을 다 가진 듯했다. 쌀과 연탄만 있으면 행복한 세상이었다.
  연탄불을 이용한 군것질도 잊지 못할 추억이다. 요즘은 달고나 뽑기가 깔끔하고 고급스럽게 상품화되었지만, 학교 앞 담장 옆에는 번데기 장사들과 함께 어김없이 있었다. 주머니 사정이 여의치 않을 때는 참기 힘든 유혹이었다.

퇴근길에 출출해진 어른들의 막걸리와 함께 꽁치·양미리 등 술안주를 구워내던 곳도 역시 연탄 화덕이었다.

나는 이런 연탄 불맛의 추억이 서려있어서 그런지 지금도 동그란 철판 테이블과 드럼통 화덕이 있는 집이 있으면 들어가고 싶은 충동을 많이 느낀다.

연탄불을 꺼지지 않게 관리하는데도 대단한 정성이 필요했다. 아랫불이 시원치 않으면 옆집으로 불붙은 연탄을 빌리러 가기도 했다. 지금 같으면 엄두도 나지 않는 일이지만, 어차피 해야만 하는 일로 그다지 고생스럽다는 생각을 해본 적이 없었다.

자신의 몸을 다 태우면서 따끈따끈한 아랫목을 만들어 주었던 연탄을 생각해보면, 남을 위해 자신을 희생하는 일이야말로 세상에서 가장 숭고한 가치임을 보여준다.

만만한 게 연탄재라고 뭔가 기분이 좋지 않을 땐 괜히 발로 차기도 했는데, 요즘 사회적으로 힘 있는 자들의 오만함이 자기보다 못한 존재에 대한 갑질이 연상되기도 한다. '연탄 한 장'처럼 뜨거운 마음으로 묵묵히 주어진 역할에 충실한 삶과는 철저히 대비된다.

더구나 밤사이 눈이 내려 빙판길로 변한 골목길을 갈색의 선으로 그어져 미끄럼을 방지하였으니, 마지막까지 헌신을 다하고 사라지는 연탄이야말로 인간의 고결한 삶과 비유해도 결코 지나침이 없다.

그러나 겨울철이 되면 '침묵의 살인가스'인 일산화탄소가 소리

없이 우리 곁으로 다가와서 소중한 목숨을 빼앗아 가기도 했다. 차 안에서 연탄을 피워놓고 자살하는 사건도 적지 않았다. 그만큼 연탄은 죽음도 함께 불러오는 저승사자 역할도 했었다.

내가 생뚱맞게 연탄의 추억에 빠져든 것은, 열여섯 살 무렵 사회 첫발을 H사 수색 연탄공장에서 내딛었기 때문이다. 나는 그 무렵 정식 인가가 나지 않은 학교에 다니고 있었다. 학력 인정을 받기 위해선 검정고시에 붙어야 하는데 그만 보기 좋게(?) 떨어지고, 그 학교에 다시 진학해야 했다.

극심한 자괴감과 자존감의 상실이 나를 괴롭혔으며 결국 몇 개월 다니다 그만 때려치우고 말았다. 그러나 나를 기다린 것은 학업이 아니었고, 부양해야 할 가족(어머니, 동생)으로 인해 생활전선으로 뛰어 들어야만 했다.

강원도 거진에서 서울로 유학(?)온 한 친구의 주선으로 함께 일을 하게 되었다. 연탄이나 석탄을 일정량 시료 채취를 해서, 간단한 실험 계기를 통해 열량을 체크하고 생산의 기초 자료로 삼는 일이었다. 그곳에서 일을 하면서 중학교와 고등학교 과정 모두 검정고시를 했다.

까다로운 기술은 아니었으나 연탄이나 화차(貨車)에서 시료 채취를 하여 미세하게 가루로 만들어야 성분 분석이 가능하기 때문에, 그 과정에서 석탄가루를 흠뻑 뒤집어 써야하는 아주 고역(苦役)적인 일이었다. 이른바 3D업종으로 요즘 같으면 돈을 많이 준다 해도 선뜻 나서지 않을 것이다. 말이 직원이지 종업원이나 다름없었으며, 소위 말하는 '블루 컬러'였다.

그래도 연탄공장에서는 비교적 수월한 일이었다. 종사원들은 하루 종일 석탄가루와 싸우다 세탁비누로 샤워를 하고 퇴근을 했는데, 코와 입에서 시커먼 분진(粉塵)이 한없이 묻어 나왔다. 요즘의 미세먼지는 비교할 바도 못되었고 온몸으로 파고들었다.

연탄의 수요가 많은 겨울철에는 출·퇴근 시간을 가늠할 수 없었다. 새벽별을 보고 출근 하고 달빛을 따라 집으로 돌아가야 하는 바쁘고 고단함 속에서도, 석탄가루에 시달린 목 청소를 위하여 퇴근 후 동료들과 삼겹살 먹는 것이 일상의 낙(樂)이었다.

군 복무 후 이런 어두운 환경이 싫어 이런저런 일들을 해보았지만 여의치 않아, S사 연탄공장 경력직으로 들어갔다. 한창 미래에 대한 꿈을 꾸며 살아야 하는 시기에 또 다시 작업복을 입어야만 하는 고뇌에 찬 나날이었지만, 먹고 살기 위해서 어쩔 수 없는 선택이었다.

그러나 그 무렵 이미 정부의 에너지 정책으로 연탄은 사양길에 접어들고, 내가 소속해 있던 직장도 가스로 업종의 전환을 모색하고 있었다. 자연히 기존의 연탄공장 인력은 신사업에서는 그다지 필요치 않게 되었는데, 그것이 나의 인생 진로를 바꾸는 계기가 되었다. 게다가 졸업식장에서 학사모를 쓴 친구의 모습을 본 순간, 본래의 내 정신으로 돌아왔다.

그 덕분에 다소 고난의 시간도 있었지만 내가 그토록 원했던 넥타이를 메고 출근하는 직장을 다니게 되었고, 서른이 다 되어

서야 대학과 대학원에서 경영학을 전공하면서 새로운 삶의 길 위에 섰다. 살다보면 영국의 고전학파 경제학자 '애덤 스미스'가 말한 것처럼 시장경제뿐만 아니라, 인간의 삶도 '보이지 않는 손(invisible hand)'에 이끌려 갈 때가 있는 것 같다.

시대와 어울리지 않는 나의 이색적인 경력은, 해마다 겨울이 찾아오면 어김없이 그때 그 시절 기억이 새록새록 떠올라 과거로의 시간여행을 하지 않을 수 없게 만든다.

난초와 잡초

　난초를 채집하는 애호가는 아니지만, 집안에 최소한 한 분(盆) 정도는 늘 있었다. 햇빛과 수분, 그리고 토양 등 각별한 환경 속에 온갖 정성을 쏟아야 꽃을 볼 수 있다. 난을 사랑한 나머지 동향집으로 아예 이사하는 사람도 있다고 들었다. 蘭草가 어려울 '難草'가 되었다.
　오죽했으면 법정스님도 애지중지하던 난초를 지인에게 줘 버리고 나서야 무소유의 참된 의미를 이야기 했을까 싶다.
　지금 남아있는 한 분도 내 딴에는 관리를 잘하고 있지만, 한 번도 꽃을 보여준 적이 없다. 그토록 까다롭고 도도한 기품을 지녔다.
　반면에 그 옆에 잡초처럼 정신없이 자라는 석곡(石斛, 난초과)은 같은 환경임에도 불구하고 반드시 꽃이 활짝 피어 눈과 마음을 즐겁게 해 준다. 연꽃은 극진한 보살핌을 받고 자라는 난초를 시샘하지 않으면서도, 진흙 속에서 꽃을 피워 염화시중의 미소를 짓는다.

 그렇다고 나는 난초의 은은한 향기 속에 깃든 고결한 상징성을 부인하는 것은 아니다. 난초를 기르는 과정에서 노심초사 집착해야만 하는 환경적 측면에서 바라보았을 뿐, 섬세하게 그려진 먹선의 아름다움은 사람의 마음을 사로잡는 매력이 있다.

 난초를 깔끔하게 표현하고 싶었으나 마음 가는 대로 붓이 따라주지 않아, 난초와 같은 느낌은 전혀 없고, 마치 마구 자란 잡초에 다름 아니었다. 적지 않은 시간이 흐른 뒤에야 난초를 닮은 풀을 그리게 되었다. 세상사 거저 얻어지는 것은 없었다.

 살다보면 난초와 같이 까다로운 사람을 만날 수 있다. 가까이 하기엔 너무 멀게만 느껴져 이런 사람하고는 말도 조심스럽게 해야 한다. 자칫하면 보름달처럼 동글동글하게 살아가고픈 내 영혼이 상처를 받을 수 있다. 그러나 성격은 이율배반적인 것으로 장단점은 누구에게나 있다.

 주말이면 북한산에 올라 늘 앉아 쉬는 마당바위에, 흙도 아닌 한 줌의 돌 부스러기만 움켜진 채 꿋꿋이 버티고 있는 소나무 몇 그루가 있다. 엄청난 습설(濕泄)이 내린 지난겨울, 산행 초입부터 아름드리나무들이 여기저기 뿌리가 송두리 뽑혀져 길을 가로막고 있었다.

 산길을 헤치고 올라가니까 마당바위의 그 소나무들은 가지 하나도 상하지 않고 보란 듯이 우뚝 서 있었다. 척박한 환경에서 자라고 있는 것 자체도 대단한데, 극한 상황에서 살아남는 생존

력이 그저 경이로울 따름이었다.

　나는 그 고고한 소나무를 바라보면서, 뭇사람들의 손길이 미치지 못하는 심산유곡 그늘진 바위틈에서 악착같이 뿌리를 내리는, 잡초를 닮은 난초가 생각이 났다.

　난초와 소나무는 비록 풀과 나무지만, 향기를 바람에 실어 보내는 난초와 추위에 떨어도 얼굴색 하나 바꾸지 않는 소나무의 고상한 삶은 서로 닮았다.

　분에 올린 난초는 온실에서 자라난 화초와 같은 것으로 반드시 사람의 도움이 필요하다. 그러나 비, 바람, 추위와 더위를 견디며 홀로 순수한 자연을 몸에 담고 살아가는 들판의 난초와 잡초를 보면 하늘이 키우는 것인지도 모르겠다.

　고귀한 멋이나 기품을 자랑하는 난초보다, 잎이 짧고 넓적하면서 강한 생명력을 느끼게 하고, 밟혀도 다시 일어나는 잡초와 같은 난초를 좋아하는 사람도 있다. 민초(民草)를 닮은 난초다.

　산야에서 한들한들 흔들리며 잡초처럼 자라는 난초는 수수한 아름다움과 정감이 있다. 잘 알려진 어느 저항 시인은 바람에 흩날리는 난초를 많이 치다가, 언제부턴가 "난초는 선비문화에서 난 거라, 나한테 본래 맞지 않아 그리지 않는다."고 했다.

　신윤복의 '혜원(蕙園)'이라는 호, '혜'는 '난초 蕙(혜)'이다. 그가 선비의 삶을 지향한다는 의미로도 해석하는데. 蕙園은 '혜초정원(蕙草庭園)'을 줄인 말로, 콩과 식물인 '혜초'는 여름에 작은 꽃이 피는 평범한 풀로서, 혜원이 걸어온 삶의 궤적을 보면 이곳저곳

떠돌아다니는 자신을 빗대어 붙인 호라는 설이 더 설득력이 있다.

'술에 취한 그림의 신선' 곧 '취화선(醉畵仙)'이란 영화의 주인공인 오원 장승업은 파란곡절을 있는 대로 겪은 잡초였다. 족보 없이 자랐고 공부 밑천은 아예 쌓지 못한 처지라서 오원은 제 이름 석 자를 겨우 익혔다고 한다. 호를 '吾園'이라고 지은 것도 단원(김홍도)과 혜원을 향해 "너희들만 園이냐, 나도 園이다"라고 일갈하며 자부심을 강하게 드러내기 위한 이유였을 것이다. 그래서 이들을 조선의 '三園'이라 부른다.

세상에 잡초는 없다. 그것은 인간의 사고(思考)일 뿐, 식물의 생각이나 삶은 아니다. 그 예쁜 꽃을 '개망초'라 하듯, 구별하기 위한 방법으로 그들의 이름을 짓고 부름으로써 언어적 서러움을 안겨 주었다.

인간도 뿌리 내려야 할 자신의 '제자리'를 찾지 못했을 뿐, 잡초 같은 사람은 그 누구도 없다. '잡초는 아직 그 가치를 발견하지 못한 식물이다'는 랠프 월도 에머슨의 말도 있다. 누구나 거친 황야보다는 온실에서 살고 싶겠지만 아쉽게도 그런 선택권은 신으로부터 부여받지 못했을 뿐이다.

> 태초에 이 땅에 주인으로 태어나, 잡초라는 이름으로 짓밟히고, 뽑혀져도 그 질긴 생명력으로 생채기 난 흙을 품고 보듬어 생명에 터전을 치유하는 위대함을 기리고자.

평창 청옥산에 있는 '잡초 공덕비', 우스꽝스럽게 느껴질 수도 있으나 구구절절 옳은 말이다. 비록 화려한 꽃 피우지 못해 사람들의 눈길을 끌지 못해도 싱그러운 풀향기를 간직하고, 마음 편하게 자유로운 영혼을 지니며 산다.

  나는 앞으로 잡초라고 부르지 않기로 했다. 산풀, 들풀, 풀꽃 등 예쁜 이름으로 불러주었을 때 그들은 살랑살랑 다가와서 풋풋한 미소로 화답을 해줄 것이다.

빛나는 시정신을 꼼꼼하게 엮어내는 — 마음

추억의 더듬이를 꺼내어

1판 1쇄 인쇄/ 2025년 12월 1일
1판 1쇄 발행/ 2025년 12월 5일

지은이 / 이상민 외
펴낸이 / 우희정
펴낸곳 / 도서출판 마음

등록 / 1993년 5월 15일 제1-15191호
주소 03073 서울 종로구 성균관로 5길 39-16
전화 / (02) 765-5663

값 14,000 원

ISBN 978-89-8387-379-8   03810